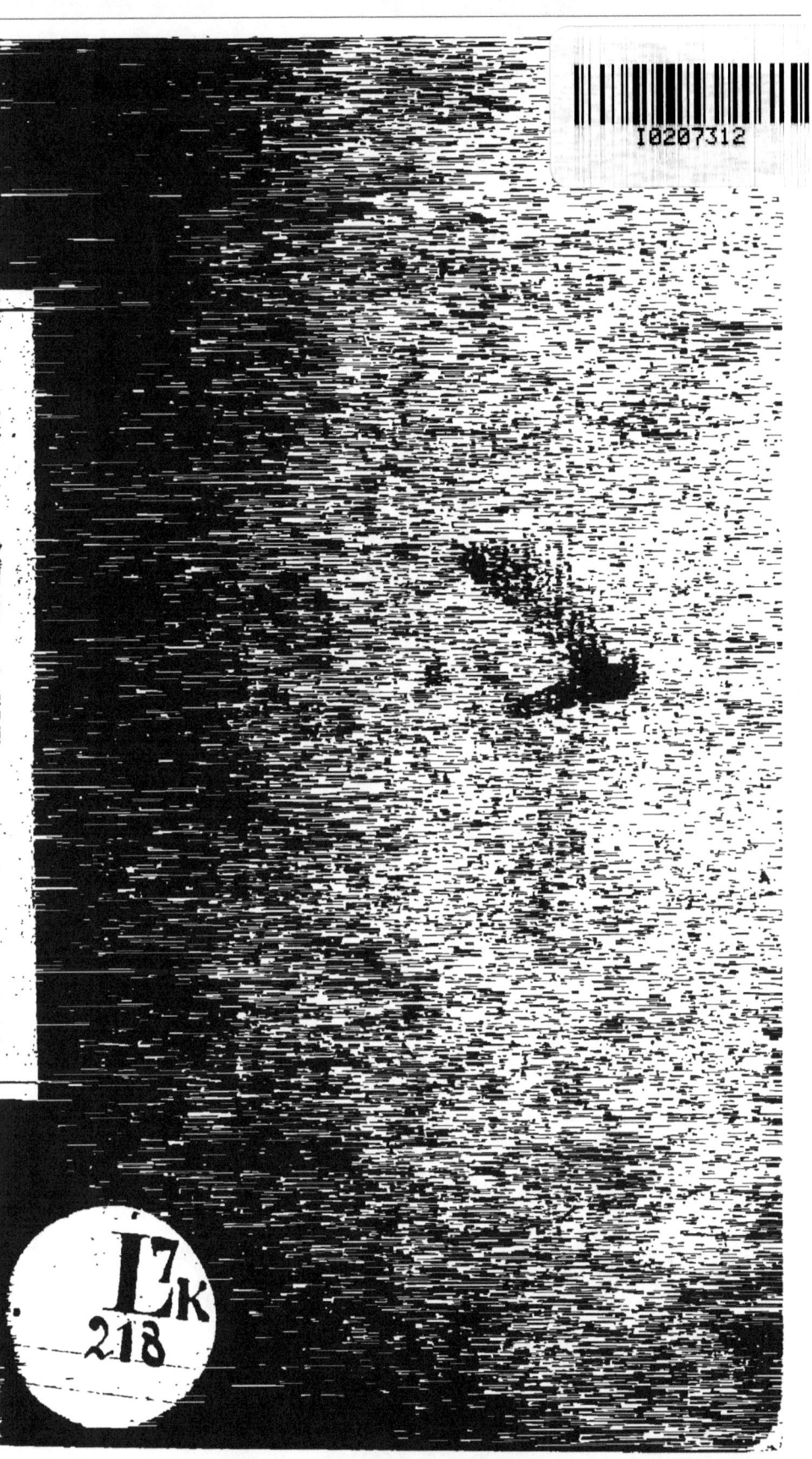

Lk 218.

# FÊTE

DE

# L'INDUSTRIE

A AMIENS,

Le 23 Décembre 1855.

---

ABBEVILLE,
TYPOGRAPHIE DE P. BRIEZ.

# FÊTE

DE

# L'INDUSTRIE

A AMIENS,

Le 23 Décembre 1855.

ABBEVILLE,

TYPOGRAPHIE DE P. BRIEZ.

# FÊTE

## DE

# L'INDUSTRIE

## A AMIENS.

---

Le Dimanche 23 décembre 1855, a eu lieu à Amiens, dans la grande salle de l'Hôtel-de-Ville, la distribution des récompenses aux ouvriers et ouvrières de l'industrie. M. le Préfet avait voulu faire aussi de cette fête du travailleur, la fête du patron, et avait convoqué les lauréats de l'Exposition universelle pour proclamer leurs succès. Toutes les autorités du département assistaient à cette grande fête de l'industrie picarde. On remarquait à leur tête Mgr l'évêque d'Amiens, M. le procureur-général, MM. Randoing et Allart, députés.

A une heure, M. le comte du Hamel, en costume officiel, a pris place au bureau avec la Commission des récompenses.

Auprès de M. le Préfet se sont assis : à gauche,

Mgr de Salinis, M. le procureur général, M. Daveluy, président de la chambre de commerce d'Amiens, M Dausse, adjoint au maire et secrétaire de la chambre de commerce d'Amiens; à droite, M. Allart, député et maire d'Amiens, M. A. Courbet-Poulard, président de la chambre de commerce d'Abbeville et secrétaire de la Commission, M. A. Lottin, secrétaire de la chambre de commerce d'Abbeville.

M. le Préfet s'est levé et a ouvert la séance par le discours suivant :

« Messieurs,

« J'ai tenu à réunir, dans cette distribution des récompenses, l'élite des exposants du département de la Somme à l'élite des ouvriers. L'intelligence et le travail sont les leviers et la noblesse de la société moderne; tous les prodiges et toutes les espérances du siècle sont dus à leur alliance. Je suis donc heureux de pouvoir honorer, en même temps, le génie industriel dans toutes ses manifestations et dans tous ses degrés.

« « Exposants, je vous remercie d'avoir dignement soutenu l'éclat de notre passé. Le palais de l'Industrie vous a montré les progrès des fabrications rivales ; travaillez à les mettre à profit. La concurrence est un champ clos où l'on succombe si on ne lutte et si on ne se fortifie sans cesse ; recherchez donc et appliquez tout ce qui peut perfectionner vos produits, réduire vos frais de production, étendre vos débouchés, assurer votre supériorité.

« « Ouvriers, vous connaissez les sympathies profondes que l'Empereur a vouées aux masses ; notre pensée incessante est d'étudier vos besoins et d'améliorer votre condition morale et matérielle; mais

« nos efforts seraient stériles si vous ne les secondiez
« par votre esprit de prévoyance, par une conduite
« honnête et digne. Franklin, cet ouvrier devenu
« grand physicien et grand homme d'Etat, se plaisait
« à répéter parmi ses anciens camarades : « A ceux-là
« qui vous diront qu'on peut s'élever sans le travail
« et l'économie, répondez qu'ils sont des empoi-
« sonneurs. »

« Les récompenses que je vous remets sont donc
« un heureux présage ; persévérez et comptez sur
« l'avenir.

« Messieurs, nous traversons une crise rigoureuse
« et difficile ; sachons en triompher par notre union
« et notre dévouement réciproque ; pensons à nos
« soldats qui combattent sur la terre étrangère au
« milieu de tant d'épreuves, et montrons-nous, au
« dedans comme au dehors, la grande nation, la nation
« telle que la veut et telle que la fait l'Empereur ! »

Cette allocution, fréquemment interrompue par des marques de la plus sympathique approbation, s'est terminée au milieu des applaudissements de tout l'auditoire.

La parole a été ensuite donnée à M. Courbet-Poulard, pour le compte-rendu des opérations des chambres de commerce du département pendant les séances tenues à la Préfecture, à l'effet d'examiner les titres des prétendants aux récompenses de l'industrie.

M. Courbet-Poulard s'est exprimé en ces termes :

« Monsieur le Préfet,

« Il est des cérémonies qui, après avoir un instant ébloui les regards des populations, laissent néanmoins l'esprit stérile et le cœur froid, parce que la pompe qui les accompagne n'est qu'un aliment accordé à une vaine curiosité, qu'une forme brillante qui ne repose sur aucun fonds solide; comme ces fruits des bords de l'Asphaltite, dont la beauté ne séduit l'œil que pour mieux tromper la main dans laquelle ils s'en vont en poussière.

« Il en est d'autres, au contraire, qui laissent derrière elles en quelque sorte une traînée de lumières, un parfum de vertu, un goût du bien qui déjà ressemble à la jouissance intérieure de la conscience, après une bonne action; celles-là, Monsieur le Préfet, n'ont rien de factice dans leur éclat, elles font naître des réflexions, jaillir des sentiments, germer des intentions et marcher le progrès ; c'est parmi ces dernières que prend, de droit, sa place la cérémonie qui nous rassemble pour célébrer la fête de l'industrie, cette fête qui a l'utilité pour principe, la moralité pour moyen, le bonheur de tous les industriels par le bonheur de chacun d'eux pour but, et enfin le bien social pour résultat.

« Oui, c'est aujourd'hui, Monsieur le Préfet, la fête des ouvriers. — Mais ce n'est pas seulement la fête des ouvriers, c'est encore la fête des patrons; c'est la grande fête du 15 novembre 1855, réduite ici aux proportions naturelles d'une splendeur départementale ; les lauréats de l'Exposition universelle viennent de recevoir, par votre haute entremise, les récompenses qu'a décernées à leurs succès le jury international ; les lauréats du concours ouvert à Amiens entre les simples soldats de l'atelier, vont maintenant toucher de vos mains les primes acquises à leurs mérites. D'un coup-d'œil, Monsieur le Préfet, vous avez embrassé les affinités étroites, les points de contact multiples, la connexité des rapports par lesquels le produit, qui est la conséquence de travaux combinés, touche au manufacturier qui les dirige, au collaborateur qui les exécute ; et vous avez convié à une fête commune le patron et l'ouvrier, qui, après s'être partagé les efforts de la fabrication, s'en partageront les honneurs. Par là, Monsieur le Préfet, vous avez fait un nouveau pas vers cette admirable fusion de tous les membres de la famille industrielle, et, pour célébrer l'heureuse union de l'estime et de l'attachement dans le patron, avec le dévouement et la reconnaissance dans le travailleur, vous n'avez pas cru trop faire que de donner à la fête toute la solennité dont elle est susceptible, en invitant toutes les sommités du département à rehausser, par le bienfait de leur présence et le concert de leurs applaudissements, tant de triomphes à la fois.

« C'est au nom de ces bons ouvriers, surtout, dont j'ai presque le droit de me croire le secrétaire perpétuel, que je vous remercie, Monsieur le Préfet, d'avoir donné rendez-vous à ce que la Somme comprend de plus élevé dans le clergé, la magistrature, l'administration, l'armée, l'instruction publique, le commerce et l'industrie ; c'est au nom de ces braves travailleurs que je remercie l'illustre assistance qui, nonobstant la rigueur insolite de la saison, est venue se grouper autour de son premier magistrat, à propos d'une institution dont il s'est déclaré tout haut le père adoptif le jour où, l'année dernière, il inaugurait exprès son avènement, parmi nous, par la fête de l'industrie.

« Voilà donc désormais, Monsieur le Préfet, une institution fondée ! La fête des ouvriers est définitivement entrée dans nos mœurs, car elle répondait à un besoin, elle remédiait à un oubli. L'œuvre avait, en naissant, une telle force d'expansion, que bientôt elle a eu franchi les limites du département où elle avait son berceau. Elle a maintenant droit de bourgeoisie dans plus d'une cité. Vous l'avez vue adoptée, naguère encore, par une de ces villes du centre qui ont tant souffert de la campagne de France, en essayant d'arrêter le torrent de l'invasion étrangère, mais que l'empereur Napoléon a immortalisées en les constituant ses héritières pour une part. Eh bien ! l'une de ces villes n'a pas trouvé un meilleur emploi à faire du legs qui lui venait de Sainte-Hélène, que d'en affecter le montant à former un fonds patrimonial pour ses ouvriers, dont un jury aura périodiquement à juger et à coter les mérites.

« Mais l'idée conçue d'abord et réalisée à Amiens ne s'est pas seulement étendue, elle s'est encore élevée. Le Souverain, dont le regard napoléonien sait deviner le fruit dans le germe, après avoir encouragé, par une subvention annuelle, le développement local de l'institution, l'a soudain transportée dans les plus hautes régions, en prescrivant aux comités départementaux, placés comme des rouages intermédiaires entre les exposants et la Commission centrale de l'Exposition, « de signaler, dans un rapport écrit, les « services rendus à l'agriculture et à l'industrie par « des chefs d'exploitation, des contre-maîtres, des « ouvriers ou journaliers demeurant dans le ressort « de leurs localités. » Et le grand jury, s'inclinant devant cette prescription impériale, s'est empressé de l'appliquer sur une vaste échelle, en plaçant, sur deux lignes parallèles, les récompenses à l'ouvrier et les récompenses à l'œuvre. Il était si juste, en effet, il était si rationnel de ne pas perpétuer en France le spectacle des labeurs de l'atelier s'épuisant exclusivement pour assurer au patron le monopole d'un honneur dont l'ouvrier avait si bien payé sa part! En reconnaissant loyalement la coopération, en la proclamant, en la rémunérant, à la face du monde, le gouvernement a accompli un grand acte de réparation; aussi le cri unanime de reconnaissance, qui est parti à la fois du fond de toutes les usines, a-t-il dû réjouir le cœur du prince qui préside à nos destinées, et lui alléger, un instant du moins, le poids des graves complications du pouvoir, à travers les complications actuellement si laborieuses de la guerre et de la diplomatie.

« En effaçant d'un trait de plume, un passé qui avait fait trop peu, l'Empereur s'est emparé d'un avenir qui promet beaucoup, car le vieil adage qui n'a rien perdu de sa force pour vieillir est toujours là : « *Dignité oblige.* » Donc l'ouvrier relevé à ses yeux, relevé aux yeux de la société, se respectera désormais assez pour ne plus descendre du degré qu'il occupe dans l'estime publique, et se commettre dans les agitations malheureuses auxquelles il s'est mêlé, sans discernement, lors des commotions politiques dont l'ordre qui nous régit a si vite éloigné les dates sinistres; le travailleur industriel, ce pionnier précieux de la civilisation, deviendra, par la force majeure que constituent la reconnaissance et l'intérêt à la fois, le soutien d'un régime social auquel il doit sa réhabilitation, j'allais dire sa glorification.

« Il est honorable pour le département de la Somme, Monsieur le Préfet, d'avoir été le point de départ d'une institution qui a fait si rapidement et si glorieusement son chemin dans le monde... Mais cette institution, si votre prédécesseur immédiat a l'honneur de l'avoir créée, c'est à vous qu'appartient l'honneur de l'avoir régénérée. En effet, l'idée première, telle qu'elle a été inaugurée par la fête de 1853, portait en elle-même un principe de suicide... La périodicité annuelle des concours emportait l'œuvre, à travers une suite de pulsations fébriles, vers une ruine inévitablement prochaine. Cet emportement convulsif, c'est vous qui l'avez arrêté. Un mouvement généreux, un élan spontané du cœur avait donné la vie à l'institution, il fallait l'observation de l'expérience, la maturité de la réflexion pour lui garantir la durée.

« En effet, il vous souvient que l'année dernière une motion fut faite, au sein de la Commission, tendant à ce que les concours, au lieu de se précipiter les uns sur les autres par une série rapide d'annualités, fussent désormais espacés par des intermittences triennales. Cette motion, qui avait surpris d'abord, n'avait pas tardé cependant à se concilier la majorité des adhésions. En présence d'une question neuve, que nous n'avions pas la mission de trancher, que nous avions tout au plus le droit de soulever, il fut décidé que la cause serait portée devant vous. D'intuition, Monsieur le Préfet, la justesse de l'idée vous saisit; vous vîtes, dans la réforme proposée, le seul moyen de vivifier l'institution ; vous permîtes d'en communiquer le projet au public, de manière à interroger ainsi l'opinion. Puis, dans le cours de l'année, vous eûtes à cœur d'avoir, sur la matière, les dernier mot des corps commerciaux, dont la compétence était de nature a formuler un avis plus éclairé. Or, Monsieur le Préfet, que répondirent les chambres de commerce à l'appel qui leur était fait?

« Par le retour annuel de la fête de l'Industrie, on
« arriverait bientôt à l'épuisement des mérites réels,
« et une fois les mérites réels épuisés, si l'on descen-
« dait, par une pente forcée, à des mérites illusoires
« ou problématiques, à des vétérances vulgaires, la
« dépréciation des récompenses entraînerait bientôt
« la décadence de l'œuvre. Tandis que, par une pé-
« riodicité moins rapprochée des concours, 1° on
« laisserait à des mérites nouveaux le temps de se
« produire, tout en entrant par là dans la voie que
« le législateur semble avoir tracée, lorsqu'il a dès
« longtemps décrété que les expositions de l'industrie
« seraient séparées par un intervalle assez long pour
« que les progrès pussent plus aisément et se réaliser
« et se constater ; 2° on réussirait, en formant une
« seule masse des trois subventions, soit impériales,
« soit départementales annuellement obtenues, à
« pouvoir ultérieurement élever le chiffre des primes
« et provoquer, en conséquence, plus d'efforts, c'est-
« à-dire plus de succès. »

« Déterminé, Monsieur le Préfet, par la valeur de ces raisons, vous avez rendu un arrêté qui décide que les concours d'ouvriers seront désormais triennaux, et notre conviction profonde c'est que par là vous avez sauvé l'institution, dont vous êtes devenu dès lors la providence, le second père.

« Qu'il nous soit permis, Monsieur le Préfet, pour

justifier cette sage mesure, de procéder, par voie d'inventaire, à la liquidation du régime des annualités qui s'éteint aujourd'hui, avant d'entrer dans le régime des triennalités qui aura sa première distribution de primes en 1858.

« 1853 a présenté 332 candidats, et primé 39 lauréats : 5 pour l'intelligence, 3 pour le dévouement, 24 pour l'ancienneté.

« 1854 a présenté 146 candidats, et primé 34 lauréats : 6 pour l'intelligence, 4 pour le dévouement, 24 pour l'ancienneté.

« 1855 a présenté 119 candidats, et primé 38 lauréats : 7 pour l'intelligence, 4 pour le dévouement, 27 pour l'ancienneté.

» De ce tableau, Monsieur le Préfet, il ressort plusieurs leçons qui ne doivent pas être perdues.

« D'abord, c'est que le nombre des prétendants a rapidement baissé, d'une distribution à l'autre ; c'est qu'étant partis de 70 ans, en 1853, pour récompenser la vieille fidélité au même patron, nous sommes arrivés aujourd'hui à 35 ans, de sorte que trois distributions auront suffi, et au-delà, pour solder les arriérés dus aux vétérans de l'atelier; que le chiffre de 35 ans, auquel nous sommes descendus cette année, commence à ne plus constituer déjà une véritable longévité industrielle ; que, conséquemment, il était temps de s'arrêter.

« Ensuite, c'est que plus nous nous éloignons du passé pour nous rapprocher du présent, moins nous trouvons de ces hommes qui se sont littéralement identifiés avec le métier qui les fait vivre d'une vie en quelque sorte automatique, et plus nous comptons de ces ouvriers perspicaces qui raisonnent l'instrument dont ils se servent, le discutent, le modifient, si c'est assez d'une modification, ou même le réforment, s'il s'obstine à n'être qu'un producteur lent ou imparfait, à une époque où il faut produire vite et bien. Voilà qui répond assez haut à ces prôneurs opiniâtres d'un temps qui n'est plus (1), à ces fanatiques d'une autre époque, qui voudraient empêcher le siècle de marcher. C'est en vain qu'ils se font un devoir systématique de méconnaître, pour l'acquit de leur conscience, les institutions de nos jours; il y a là une conséquence qui s'impose, à savoir, qu'en élevant le niveau de l'intelligence dans les générations qui grandissent, ces institutions ont élevé aussi le niveau du bien-être, qui ne fera que monter, monter sans cesse, à mesure que la science s'emparera des enfants pour les conduire, par une instruction professionnelle, à l'exercice plus éclairé de leur destinée manufacturière.

« Enfin, et les chiffres l'ont démontré, c'est que, bonne en soi, la fête de l'Industrie allait périr par son intempérance même, sans les délais plus longs interposés désormais entre les concours. — Au lieu des réalisations forcées qui dépeuplent, en peu d'années, les plus belles forêts, vous avez établi un système judicieux d'aménagement qui garantit un revenu régulier tous les trois ans, donnant assez à la coupe, mais laissant assez à la réserve.

« Ainsi, Monsieur le Préfet, les mérites auront le loisir de se développer et de prendre assez de force pour enlever d'assaut les primes de nos concours; ces primes deviendront en même temps des acheminements naturels aux récompenses des grandes exposi-

---

(1) Personne n'ignore à quel point en était arrivé, en 1789, le régime industriel et commercial de nos aïeux. — « Si, au temps de Colbert, le « système des corporations avait eu sa raison d'être, depuis longtemps il ne « l'avait plus.—L'éducation de l'ouvrier français, dans tous les genres, était « faite ; on en avait la preuve sous les yeux, à Paris même, où les ouvriers « libres des faubourgs se montraient plus habiles et plus inventifs que ceux « des jurandes. D'ailleurs, les corporations étaient devenues des antres de « servitude. Les règlements de Colbert avaient tourné, avec le temps, en « vexations inouïes. La population ouvrière qui, au moyen-âge, avait cherché « un asile dans les corporations, qui, au XVII$^e$ siècle, y avait rencontré « lumières et directions, à la fin du XVIII$^e$ n'y trouvait plus que des castes « absurdes et abusives de maîtres et de jurats qui opprimaient son travail et qui « stérilisaient son génie. La question était jugée par tous les hommes de « sens, que l'intérêt ou la passion n'aveuglait pas. » (*Histoire de la Politique commerciale de la France*, par Charles Gouraud, t. 2, p 12.

tions, pour lesquelles un premier essai a désormais inséparablement associé le maître et l'ouvrier. Les concours départementaux comme préludes au concours général, c'est ce que nous avons déjà constaté, cette fois, où plus d'un nom n'a retenti au Palais de l'Industrie qu'après avoir été antérieurement applaudi dans cette enceinte. Il y a dans cette seule pensée, Monsieur le Préfet, un stimulant bien actif pour nos travailleurs ; il y a toute une moisson de lauriers en perspective !

« Il était nécessaire, Monsieur le Préfet, d'indiquer la transformation qui s'opère, quant à la périodicité des distributions de primes ouvrières ; il était nécessaire de signaler les raisons majeures qui ont déterminé cette transformation. Il fallait, pour cela, remonter à l'origine de la fête qui nous réunit, interroger sa constitution primitive et en connaître les défectuosités pour en légitimer les réformes.

« Il me tarde maintenant, Monsieur le Préfet, en descendant de la sphère des considérations générales d'après lesquelles l'avenir sera réglé, d'arriver à l'exposé des motifs sur lesquels repose, en particulier, la proclamation des lauréats qui attendent leur prime avec une juste impatience.

« Par votre arrêté du 11 juillet 1855, vous avez invité les deux chambres de commerce qui se divisent le département à recevoir toutes les demandes introduites par les ouvriers de leur circonscription respective ; vous avez désiré que l'envoi des dossiers fut accompagné d'un classement préparatoire exécuté pour chaque ressort ; enfin, vous avez convoqué la Commission centrale, le 19 du présent mois, pour examiner tous les titres contradictoirement, les peser, les ventiler et leur assigner un rang définitif. Tout s'est passé, Monsieur le Préfet, conformément à vos prescriptions.

« Comme l'année dernière, il y avait trois catégories à peupler, celle de l'intelligence, celle du dévouement, celle de la simple longévité.

\*\*

« 1º La catégorie de l'intelligence : elle a dû, cette fois, se subdiviser en deux sections ; l'une, la plus éminente, consacrée aux *inventeurs*, car il s'est trouvé deux inventeurs, et deux inventeurs qui marqueront, selon nous, dans les annales des concours de la Somme ; l'autre, quoique plus modeste, mais élevée encore, affectée aux *innovateurs* en industrie : la Commission a pu y placer cinq noms.

« 2º La catégorie du dévouement : quatre noms ont suffi largement pour la combler.

« 3º La catégorie de la simple longévité : encombrée aux abords, comme toujours, cette catégorie n'a pu s'ouvrir qu'à 27 noms qui ont eu bientôt épuisé le chiffre resté libre sur les fonds, qu'avaient fortement entamés les deux catégories d'élite.

« Or, ces 27 noms, Monsieur le Préfet, ont dû être cotés différemment, d'après les bases d'évaluation antérieurement établies, suivant qu'ils appartiennent au travail industriel effectué, ou dans des centres manufacturiers, ou dans des usines isolées, ou dans le domicile même des ouvriers.

« Comme les années précédentes, la seule manufacture de M. Randoing, à Abbeville, dans laquelle la fidélité de l'ouvrier est de tradition, présentait un bataillon serré de candidats. Comme les années précédentes, dès lors, la Commission a dû allouer un chiffre en bloc à l'établissement, et opérer elle-même la répartition entre les parties prenantes auxquelles l'ancienneté donnait le pas sur leurs camarades. Sans ce cantonnement nécessaire, le personnel de la maison des Van Robais n'eût rien laissé au personnel des autres usines.

« Ainsi ont été accomplis, relativement à la distribution qui va commencer, tous les actes de la Commission qui est suffisamment récompensée de son œuvre par sa conscience et votre approbation.

« Que vous dire maintenant à la décharge du rapporteur qui n'a pas craint d'apporter ici un travail ébauché par la précipitation, dans une circonstance aussi solennelle et vis-à-vis d'un auditoire aussi distingué? Une seule excuse lui suffit. — La Commission n'a été réunie que le 19 décembre ; elle a passé près de cinq heures à opérer le classement des mérites. Les dossiers et les rapports partiels de chaque chambre ne lui ont été adressés que le 21, et nous sommes aujourd'hui le 23. — Le rapprochement de ces dates vous prouve, Monsieur le Préfet, que si, malgré les délais qui me serraient de trop près, je n'ai pu résister cependant ni à la sommation impérieuse de l'urgence, ni à la pression sympathique de mes honorables collègues, j'ai dû acquérir au moins des droits à toute votre indulgence.

« Maintenant, Monsieur le Préfet, je vous demanderai la permission, quand on procèdera tout-à-l'heure à l'appel des lauréats, de vous présenter dans une notice particulière, dans une sorte de portrait en pied, nos deux premiers prix de l'intelligence, nos deux inventeurs, MM. Buiret et Frettel. Une mention sommaire, comme celle qui accompagne le commun des nominations, ne nous a point paru suffisante pour rendre compte de ces natures d'élite qui ont, l'une et l'autre, pris hypothèque sur l'avenir.

« Telles sont du moins, Monsieur le Préfet, les impressions que la Commission s'est partagées et qu'elle voudrait communiquer à tout le département que représentent ici ses principales notabilités; telles sont les impressions qu'elle tient surtout à graver dans l'esprit du premier magistrat auquel nous avons eu, en 1854, l'honneur de souhaiter la bienvenue, et auquel, nous l'espérons du moins, nos sympathies feraient violence, s'il le fallait, pour le retenir au milieu de nous. »

Ce rapport a été écouté avec le plus vif intérêt et couvert d'applaudissements.

M. le chef du bureau de l'agriculture et du commerce à la Préfecture a été ensuite invité à donner lecture du procès-verbal de la Commission.

Voici, dans son intégrité, la longue et intéressante liste des lauréats, avec les motifs principaux qui ont guidé la Commission dans ses choix :

## Intelligence, inventions utiles.

### PRIX DE L'EMPEREUR.

#### 1er prix, 200 fr. et une médaille d'argent.

Buiret (Pierre-Charles), 31 ans d'âge, ouvrier mécanicien, actuellement attaché, suivant qu'en témoignent les certificats produits, à l'établissement de M. Fournier (Valery), à Darguies.

« Ce n'est pas au nombre des années que se calcule le mérite d'un ouvrier, ce n'est point à l'ancienneté seulement, mais à la nature, à l'importance, à l'étendue des services. — Sous ce rapport, Buiret offre une de ces personnalités rares, qui laissent derrière elles la trace du succès qui se résume dans leur nom. — Oui, Messieurs, Buiret est la perle de l'industrie du fer, dans le Vimeu; vous allez en juger par l'exposé bien simple des œuvres qu'a accomplies ce jeune homme durant une période relativement fort courte.

« En effet, dans la nomenclature si étendue des spécialités serrurières du Vimeu, Buiret revendique, à juste titre, celle du cadenas, dans ses conditions actuelles, car il est l'inventeur des procédés mécaniques, qui, de nos jours, ont fait dire à cette fabrication son dernier mot. — Buiret a trouvé le cadenas à son enfance, en 1838, époque à laquelle les diverses méthodes étaient encore attardées, à ce point, qu'il en coûtait 4 fr. de façon pour une douzaine de cadenas, alors que l'ouvrier n'en faisait guère qu'une demi-douzaine dans sa journée.

« Buiret n'avait que quinze ans, quand il rêva la

révolution qu'il était appelé à opérer. — Il fallait imprimer à l'industrie de ses pères une impulsion qui la fît remonter au niveau des industries similaires des centres rivaux. — Il s'empara du problème posé à sa jeunesse, le tourna, le retourna et finit, après quelques années, par saisir des résultats tels qu'une douzaine de cadenas pût se vendre 2 fr. Il ne s'arrêta pas là, bien qu'il eût conduit la fabrication de cet article à une distance énorme de son point de départ ; il vit qu'il pourrait la faire avancer davantage encore. — Il fit appel à des outils plus puissants, introduisit des perfectionnements successifs et, par ses incessantes combinaisons, il parvint bientôt à la limite extrême du progrès. — Des milliers de cadenas s'échappaient chaque semaine des mains de l'ouvrier, et, chose inouïe ! chaque douzaine ne se vendit plus que un franc vingt centimes... et la main-d'œuvre était réduite de quatre francs à quarante centimes. Buiret avait ainsi supprimé les neuf dixièmes du prix de façon, tout en relevant d'un cinquième le salaire quotidien du travailleur.

« Les machines qu'il a inventées pour atteindre ce but sont aussi multiples qu'ingénieuses. — Elles ne laissent à l'homme que les seules fonctions dans lesquelles il ne peut être suppléé. — Quelques-unes vraiment produisent des résultats qu'on croirait fabuleux. — L'une d'elles, notamment, permet, avec le concours d'un seul homme, de plier jusqu'à 12,000 cloisons en un jour. — Une autre plie toutes les anses de cadenas, depuis celle de $0^m,014$ jusqu'à celle de $0^m,08$.

« Quand il fut arrivé à avoir pleinement raison du cadenas primitif, Buiret chercha à étendre le domaine de cette spécialité. — On avait, avant lui, fabriqué le cadenas de 21 millimètres, il créa le cadenas de 14 millimètres, un cadenas microscopique ! C'est le génie inventif de Buiret qui a désormais conquis au Vimeu cette précieuse branche d'industrie, qu'on lui avait longtemps disputée. — Avec des éléments plus riches, Charleville ne peut ni descendre à cette limite inouïe du bon marché, ni s'élever à ce niveau tout-à-fait supérieur de fabrication.

« Les progrès que Buiret fit faire à la serrurerie proprement dite ne sont pas moins frappants, bien que celle-ci fut plus développée lorsque cet ouvrier, sans égal, débuta dans l'atelier. La serrurerie lui ouvrait encore une arène, il y entra pour y recueillir de nouveaux succès. — Ainsi inventa-t-il, dans ces derniers temps, des outils préparateurs moyennant lesquels la façon du pêne dormant demi-tour tomba de 1 franc à 60 centimes, soit de deux cinquièmes. — Ces outils précieux laissent à l'ouvrier actif la faculté de façonner, par jour, cinq à six de ces produits, et de gagner encore plus de 3 francs. — Les serrures d'armoires qui se payaient 40, 50 et 60 centimes de façon, sont exécutées désormais pour 15, 20 et 25 centimes.

« La série d'outils qu'a inventés Buiret est si nombreuse, que l'analyse en serait inintelligible par son laconisme ou la description ennuyeuse par ses détails. — Il y a cela d'incontestable, dans tous les cas, c'est que la maison Valery-Fournier, à laquelle Buiret s'est voué définitivement, après avoir travaillé pour plus d'un patron, est redevable à cet éminent ouvrier de sa belle collection de matrices qui l'ont élevée à la hauteur d'établissement de premier ordre.

« Tels sont, Messieurs, les titres à peine croyables qu'offre à vos suffrages le contre-maître serrurier Buiret. »

(Extrait littéral du rapport partiel de la Chambre de Commerce d'Abbeville).

**2º prix, 150 fr. et une médaille d'argent.**

Frettel (Pierre), ouvrier monteur de machines à Amiens, travaillant dans les ateliers de la compagnie du Nord.

« Cet habile et intelligent ouvrier est l'inventeur d'un système de télégraphe électrique, imprimant en caractères alphabétiques, qui a été admis à l'exposition universelle et a valu, à son auteur, une mention honorable.

« Il a inventé un appareil pour la fabrication des eaux gazeuses.

« Il a fabriqué, pour les cours de chimie et de physique de la ville, des instruments de précision et un gazomètre d'une exécution parfaite.

« Enfin, il a établi un tour parallèle où l'on tourne, au pied, des pièces en métal d'un diamètre qui exigerait la force de deux hommes.

« Une circonstance qui recommande le sieur Freitel, c'est que pour tous ces travaux il lui faut prendre sur son sommeil et sur son repos, puisqu'il est occupé la journée entière dans les ateliers de la compagnie. »

(Extrait littéral du rapport partiel de la Chambre de Commerce d'Amiens).

PRIX DU CONSEIL GÉNÉRAL.

**1er prix, 100 fr. et une médaille de bronze.**

Bail (François), ouvrier bonnetier à Villers-Bretonneux, pour MM. Théodore Delacourt et fils : au moyen de mécaniques qu'il a inventées lui-même et adaptées successivement à son métier, Bail est parvenu à produire des articles qui ont été recherchés et ont eu un grand succès à la vente. Il a créé, pour l'Exposition universelle, un tissu qui a été fort apprécié du jury international.

**2e prix, 100 fr.**

Bail (Jean-Baptiste), ouvrier bonnetier à Villers-Bretonneux, pour M. Boucher d'Heilly : il est inventeur d'un conducteur à *deux fils* au moyen duquel on peut faire, sur le même métier, autant de travail qu'on en exécutait sur deux métiers, dans le tricot dit *bord-côtes*. Au lieu de conserver pour lui cette découverte, Jean-Baptiste Bail en fit généreusement part aux fabricants, et bientôt cette utile invention se répandit dans les départements où l'on fabrique de la bonneterie.

### 3e prix, 80 fr.

Dergnier (Grégoire-Jean), serrurier chez M. Maquennehen oncle, à Escarbotin : Dergnier quitta, en 1842, l'atelier pour le régiment. Durant son service, il examina, par comparaison, les améliorations qu'il pourrait saisir et importer à son retour. Rentré en 1848, il indiqua à ses premiers maîtres les différents modes de fabrication qui gagneraient à être changés. Par l'introduction de certaines matrices, on put réaliser sur la main-d'œuvre 5 p. 0/0 d'économie tout en élevant le salaire des ouvriers. Son intelligence et la confiance de ses maîtres lui valurent la direction d'ateliers qui ne comptent pas moins de 200 ouvriers.

### 4e prix : ex-æquo (entre deux). — 1° 70 fr.

Marcant (Casimir), contre-maître maçon à Amiens, chez M. Leroy-Digeon : d'abord simple tailleur de pierres, cet ouvrier a dû à son intelligence et à son assiduité au travail de devenir un excellent appareilleur et contre-maître des ateliers de son patron. Marcant se recommande par les améliorations qu'il a introduites dans le système des échafaudages et des engins nécessaires au transport vertical des matériaux. Aussi jamais il n'arrive d'accidents aux ouvriers qu'il dirige.

### 2e 70 fr.

Wattré (Louis-François), serrurier chez M. Boutté à Tully. Fidèle et dévoué, cet ouvrier est encore ingénieux : l'esprit d'observation l'a mis plus d'une fois sur la trace d'heureuses modifications qu'il a introduites dans la préparation des produits serruriers. Il vient d'inventer un nouveau ban à canneler qui se traduit par de notables avantages.

## Dévouement, longs services. — Dévouement.

PRIX DE L'EMPEREUR.

1er prix, ex-æquo (entre deux). — 1° 150 fr. et une médaille de bronze.

Lecomte (Joseph), ouvrier mécanicien à Amiens, chez M. Potel : cet excellent ouvrier est entré à l'âge de 19 ans dans les ateliers de M. Potel, mécanicien, et y travaille depuis 28 années. Il a constamment témoigné à son patron un attachement et un dévouement sans borne ; il résista souvent à des offres séduisantes. Lecomte n'est pas seulement un homme dévoué, c'est aussi un mécanicien des plus habiles et des plus recherchés.

2° 150 fr. et une médaille de bronze.

Maquennehen (Joseph), serrurier mécanicien chez M. Briez, à Friville : il est entré comme homme de peine, en 1823, dans l'usine de M. Briez. La persévérance, l'attention et la pénétration lui firent conquérir la première place de l'atelier, qu'il occupe avec distinction ; il a constamment répondu à la confiance du maître par le zèle le plus empressé et le dévouement le plus absolu, dans les circonstances les plus critiques.

**2ᵉ prix, 100 fr. et une médaille de bronze.**

Hédin (François-Dominique), ouvrier serrurier chez M. Becquet à Allenay : après avoir travaillé comme ouvrier chez M. Laurent Becquet, Hédin vit mourir son patron. Il devint tout spontanément l'appui de la veuve et de l'orphelin qui survivaient. Mme veuve Becquet reconnaît lui devoir la conservation de son établissement.

Hédin n'abandonna pas son jeune maître auquel il apprit à travailler et sous les ordres duquel il travaille aujourd'hui. La conduite de cet ouvrier est aussi exemplaire que son dévouement et son désintéressement sont rares.

### PRIX DU CONSEIL GÉNÉRAL.

**Prix unique, 100 fr.**

Boutté (Côme-Hubert, forgeron chez M. Maquennehen, à Escarbotin : Boutté est attaché depuis vingt-cinq ans à la maison Maquennehen en qualité de maître forgeron. Sa conduite a toujours été irréprochable en tous points. Il traite les fers au marteau avec la plus grande précision ; la supériorité de son travail a été mise à prix. Boutté a résisté à toutes les avances, sans demander que son salaire fût élevé.

Boutté, disent MM. Maquennehen, réunit les trois conditions qui caractérisent les ouvriers d'élite: 1° un dévouement sans borne ; 2° une capacité hors ligne ; 3° une fidélité sans égale.

## Longs services.

### PRIX DE L'EMPEREUR.

**Prix unique 100 fr. et une médaille de bronze.**

Mme Lefort (Françoise), dite *Fanchon Major*, bobineuse dans la fabrique de M. Augustin Courbet, continuée par Mlle Flore Courbet, à Abbeville : 79 ans d'âge, 61 ans de service.

Outre la moralité et la probité qui jamais n'ont été, en elle, obscurcies du plus léger nuage, Françoise Lefort a constamment professé pour ses maîtres l'un de ces attachements vifs et profonds qui l'ont littéralement introduite dans la famille.

### PRIX DU CONSEIL GÉNÉRAL.

**Premier prix : 100 fr.**

Flandrin (Jacques), ouvrier corroyeur à Fouilloy, chez M. Gaffet-Lerouge : 64 ans d'âge, 55 ans de service estimés à 60 ans de services effectifs en raison d'un dévouement spécial.

**2e prix : 80 fr.**

Mme Varlet (Scholastique-Elisabeth-Noël), pelotonneuse, chez Mlle Mallet, à Abbeville : 74 ans d'âge, 59 ans de service.

**3e prix formant une prime spéciale de 250 fr., accordée pour longs services à quatre ouvriers de la manufacture des Rames, appartenant à M. Randoing, et divisée comme suit :**

1re prime 70 fr. et une médaille de bronze. — Gente (Vulfran), teinturier : 72 ans d'âge, 51 ans de service. (Dans ce temps, se trouvent comprises neuf années de service militaire, dont neuf campagnes).

2ᵉ *prime*, 60 *fr.* — Mme Delmotte (Véronique), trameuse : 61 ans d'âge, 52 ans de service.

3ᵉ *prime*, 60 *fr.* — Coiret (Jean-Charles-Nicolas), fileur : 57 ans d'âge, 51 ans de service.

4ᵉ *prime*, 60 *fr.* — Caumartin (Jacques-Théophile), tisserand : 58 ans d'âge, 50 ans de service.

**4ᵉ prix de 300 fr., accordé à cinq ouvriers pour 52 à 42 ans de bons et loyaux services.**

1ʳᵉ *prime*, 60 *fr. et une médaille de bronze*. — Tanzé (Jean-Baptiste), journalier chez MM. Lhomme et Duchaussoye, à Corbie : 61 ans d'âge, 52 ans de service.

2ᵉ *prime*, 60 *fr.* — Mme Leraillé (Rosalie), veuve Caron, fileuse dans la fabrique dite des Moquettes, à Abbeville, appartenant à M. Jeannin-Vayson : 63 ans d'âge, 51 ans de service.

3ᵉ *prime*, 60 *fr.* — Josse (Jean-Baptiste-Emmanuel), charpentier chez M. Joseph Suate à Abbeville : 57 ans d'âge, 43 ans de services, évalués, par la Commission, à 45 ans de services effectifs.

4ᵉ *prime*, 60 *fr.* — Godard (Pierre-André), ouvrier cordonnier à Amiens, chez M. Lemaître, rue de l'Union, 12, faubourg Beauvais : 62 ans d'âge, 44 ans de service.

4ᵉ *prime*, 60 *fr.* — Paullier (Jean-Baptiste), ouvrier cordier chez M. Martellet-Allain, à Abbeville : 54 ans d'âge, 42 ans de service.

**5ᵉ prix, de 750 francs, accordé à quinze ouvriers pour 42 à 35 ans de bons services.**

1ʳᵉ *prime*, 50 *fr. et une médaille de bronze*. — Boulanger (Jean-François), mécanicien à Escarbotin chez M. Derambure : 59 ans d'âge, 41 ans de service.

2ᵉ *prime*, 50 *fr.* — Abel (Ambroise) ; contre-maître à Rouval-lès-Doullens dans la filature de Mme veuve Sydenham : 52 ans d'âge, 46 ans de service, équivalant à 41 ans.

3ᵉ *prime*, 50 *fr.* — Sire (François-Désiré), ouvrier

pannetier chez M. Baurin, fabricant de pannes à Orival : 64 ans d'âge, 45 de service, équivalant à 40 ans.

(Lorsque les ouvriers travaillent dans des usines isolées, on retranche cinq ans de leurs années de service).

4ᵉ *prime*, 50 *fr*. — Dallon (François), ouvrier maçon chez M. Cordier à Abbeville : 59 ans d'âge, 40 ans de service.

5ᵉ *prime*, 50 *fr*. — Delhommel (François-Joseph), ouvrier teinturier à Amiens, chez MM. Turmine et successeurs, quai de la Somme, 50, à Saint-Maurice : 56 ans d'âge, 40 ans de service.

6ᵉ *prime*, 50 *fr*. — Caumartin (Ambroise) tisseur chez M. Vuidecocq à Abbeville : 58 ans d'âge, 39 ans 1/2 de service.

7ᵉ *prime*, 50 *fr*. — Mme Paillard (Françoise), du Pont-de-Metz, contre-maîtresse à la filature de Renancourt : 51 d'âge, 39 de service.

8ᵉ *prime*, 50 *fr*. — Jean François, ouvrier cordier chez M. Cardon à Abbeville : 59 ans d'âge, 39 ans de service.

9ᵉ *prime*, 50 *fr*. — Dubos (Chrysostome), de Saleux, fileur chez MM. Longy, Mangot et prédécesseurs à Saleux-Salouel : 53 ans d'âge, 38 ans de service.

10ᵉ *prime*, 50 *fr*. — Rindez (Isidore), cordier chez M. Cardon-Martellet à Abbeville ; 57 ans d'âge, 37 ans de service.

11ᵉ *prime*, 50 *fr*. — Carpentier (Charles), ouvrier teinturier à Amiens, chez M. Binard (Amand) : 51 ans d'âge, 37 ans de service.

12ᵉ *prime*, 50 *fr*. — Roinel (Jean-Baptiste), de Gentelles, extracteur de tourbes pour M. Reuss à Chaussoy-Epagny : 61 ans d'âge, 36 ans de service.

13ᵉ *prime*, 50 *fr*. — Fabert (Jean-Baptiste-Alphonse), serrurier dans l'établissement exploité aujourd'hui par M. Crépin-Carré à Abbeville, 56 ans d'âge, 36 ans de service.

14ᵉ *prime*, 50 *fr*. — Tellier (Jean-Baptiste), contre-maître de filature chez M. Trépagne fils à Amiens, rue des Minimes, 27 : 59 ans d'âge, 35 ans de service.

15ᵉ *prime*, 50 *fr.* —Moreau (François), scieur chef chez M. Hénocque-Gardien à Abbeville : 49 ans d'âge, 35 ans de service.

Chaque nom proclamé provoquait les bravos de l'auditoire, et toutes les mains battaient sur le passage de ces vétérans de l'industrie allant recevoir modestement la récompense d'une carrière noblement remplie par un dévouement de tous les jours, par un travail de toutes les heures.

Les médailles étaient remises par les membres du bureau et chaque ouvrier recevait en outre la somme qui lui était attribuée, en pièces d'or, toutes neuves, frappées à l'effigie de l'Empereur, et, comme les années précédentes, un diplôme portant aux angles ces mots : — TRAVAIL — PROBITÉ — HONNEUR — DEVOIR, qui sont comme le résumé et la glorification de la vie de l'honnête et intelligent ouvrier.

A trois heures, M. le préfet a clos la cérémonie et la foule a évacué l'enceinte au milieu de nouveaux et plus énergiques applaudissements et au bruit d'une fanfare de la musique de la garde nationale.

Abbeville, imp. de P. Briez.

28

www.ingramcontent.com/pod-product-compliance
Lightning Source LLC
Chambersburg PA
CBHW060704050426
42451CB00010B/1260